Impressum
Verlag: BABADADA GmbH, Nedderfeld 112 , 22529 Hamburg
Geschäftsführer / Verlagsleitung: Harald Hof
Druck: Books on Demand GmbH, In de Tarpen 42, 22848 Norderstedt

Imprint
Publisher: BABADADA GmbH, Nedderfeld 112 , 22529 Hamburg, Germany
Managing Director / Publishing direction: Harald Hof
Print: Books on Demand GmbH, In de Tarpen 42, 22848 Norderstedt

escuela

école

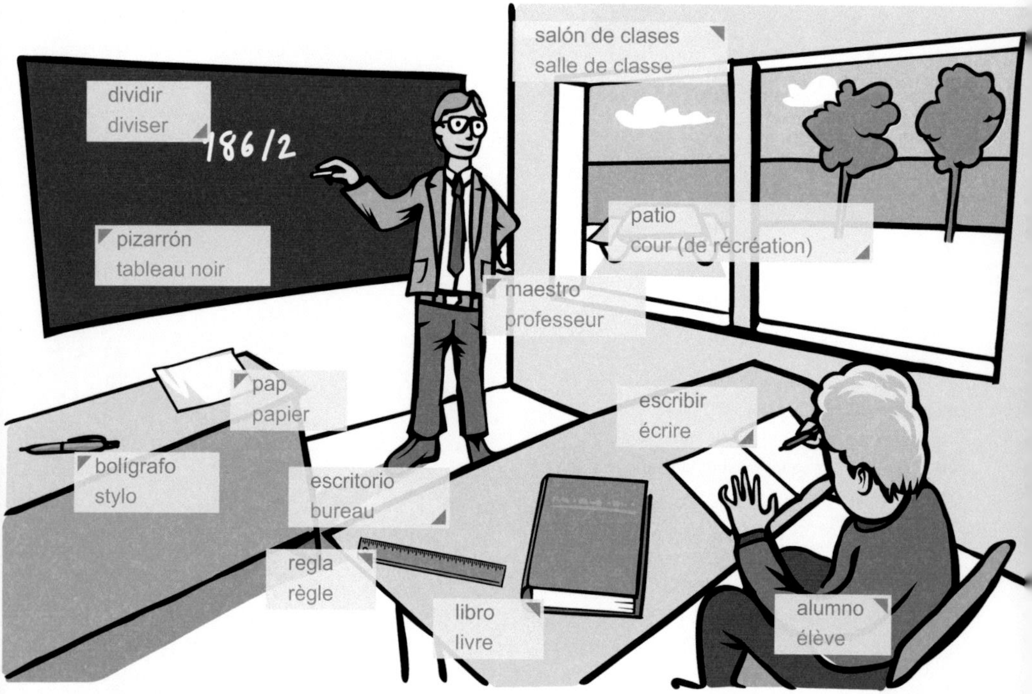

salón de clases
salle de classe
dividir
diviser
186/2
pizarrón
tableau noir
patio
cour (de récréation)
maestro
professeur
pap
papier
escribir
écrire
bolígrafo
stylo
escritorio
bureau
regla
règle
libro
livre
alumno
élève

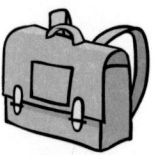

mochila

cartable

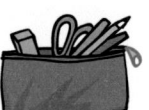

caja de lápices

trousse

lápiz

crayon

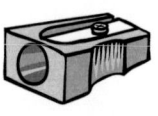

sacapuntas

taille-crayon

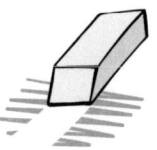

goma de borrar

gomme

bloc de dibujo

carnet à dessin

dibujo
dessin

pincel
pinceau

caja de lápices de color
boîte de peinture

tijeras
ciseaux

pegamento
colle

libro de ejercicios
cahier d'exercices

tarea
devoirs

número
chiffre

sumar
additionner

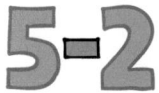

restar
soustraire

multiplicar
multiplier

calcular
calculer

letra
lettre

alfabeto
alphabet

palabra
mot

texto
texte

leer
lire

tiza
craie

lección
leçon

cuaderno de clase
livre de classe

examen
examen

certificado
certificat

uniforme
uniforme scolaire

educación
formation

enciclopedia
lexique

universidad
université

microscopio
microscope

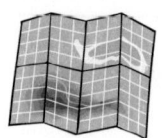

mapa
carte

bote de basura
corbeille à papier

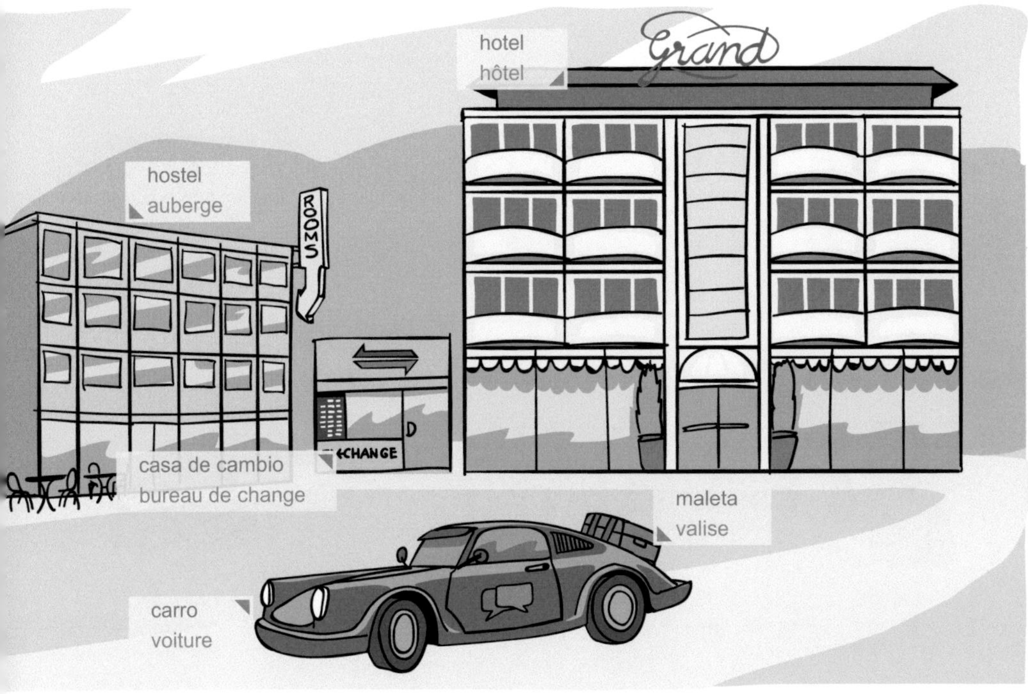

hotel
hôtel
Grand
hostel
auberge
ROOMS
casa de cambio
bureau de change
CHANGE
maleta
valise
carro
voiture

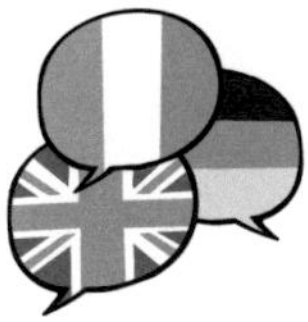

idioma

langue

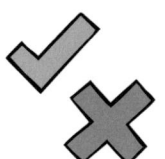

sí / no

oui / non

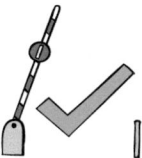

Órale

d'accord

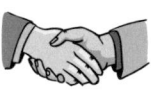

hola

Salut

traductor

interprète

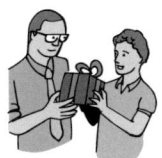

Gracias

merci

¿cuánto cuesta…?

Combien coûte…?

No entiendo

Je ne comprends pas

problema

problème

¡Buenas tardes!

Bonsoir !

¡Buenos días!

Bonjour !

¡Buenas noches!

Bonne nuit !

adiós

Au revoir

dirección

direction

equipaje

bagages

bolsa

sac

mochila

sac-à-dos

invitado

hôte

recámara

pièce

bolsa de dormir

sac de couchage

tienda de campaña

tente

información turística

office de tourisme

playa

plage

tarjeta de crédito

carte de crédit

desayuno

petit-déjeuner

almuerzo

déjeuner

cena

dîner

billete

billet

ascensor

ascenseur

sello

timbre

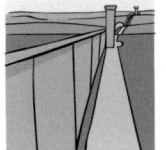

frontera

frontière

aduana

douane

embajada

ambassade

visa

visa

pasaporte

passeport

transporte

transport

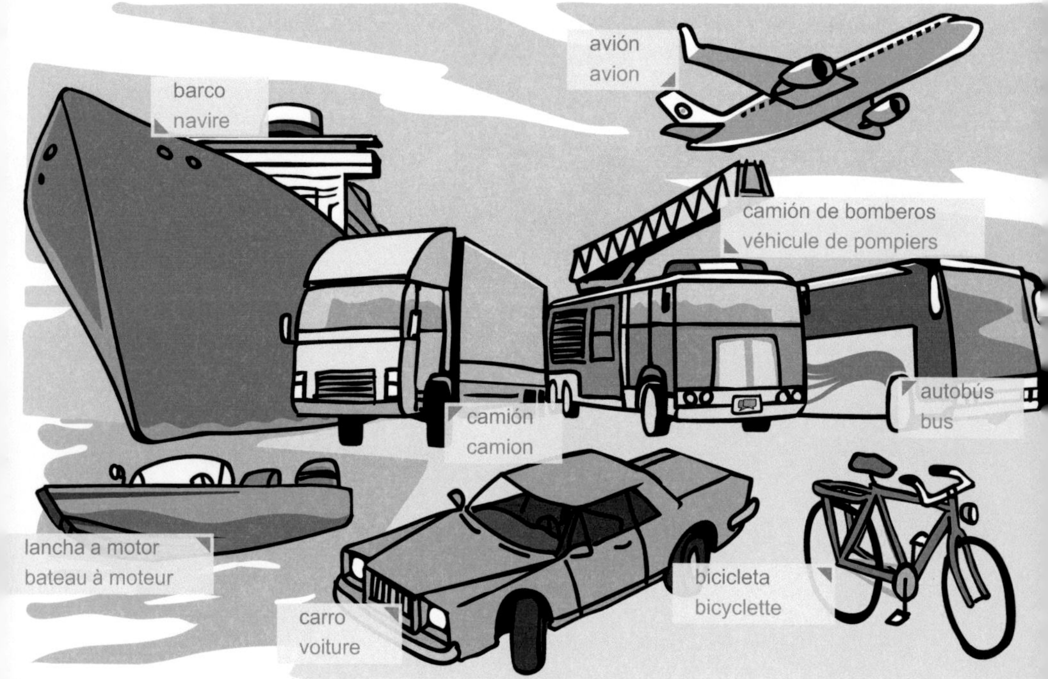

avión
avion
barco
navire
camión de bomberos
véhicule de pompiers
autobús
bus
camión
camion
lancha a motor
bateau à moteur
bicicleta
bicyclette
carro
voiture

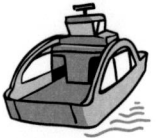

ferry

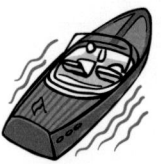

ferry

bote

barque

motocicleta

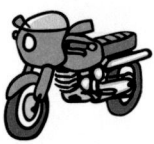

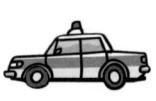

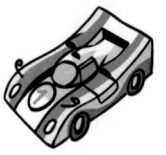

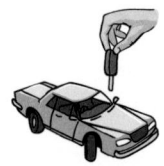

moto

patrulla

voiture de police

coche de carreras

voiture de course

auto para rentar

voiture de location

renta de autos

auto-partage

grúa

voiture de remorquage

camión recolector de basura

benne à ordures

motor

moteur

gasolina

essence

gasolinera

station d'essence

señal de tráfico

panneau indicateur

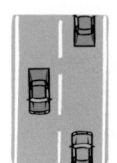

tránsito

trafic

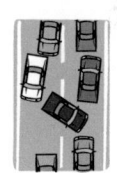

embotellamiento

embouteillage

aparcamiento

parking

estación de tren

gare

vías

rails

tren

train

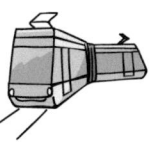

tranvía

tramway

vagón

wagon

helicóptero

hélicoptère

aeropuerto

aéroport

torre

tour

pasajero

passager

contenedor

conteneur

caja de cartón

carton

carretilla

chariot

cesta

corbeille

despegar / aterrizar

décoller / atterrir

ciudad

ville

pueblo

village

centro de ciudad

centre-ville

casa

maison

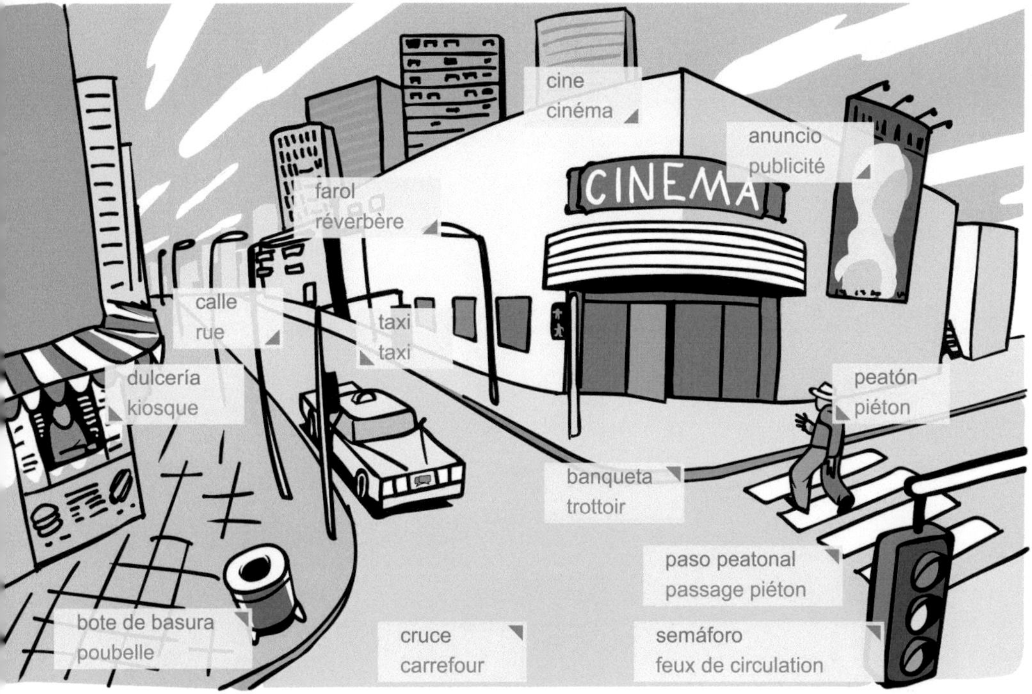

cine
cinéma

anuncio
publicité

farol
réverbère

CINEMA

calle
rue

taxi
taxi

dulcería
kiosque

peatón
piéton

banqueta
trottoir

paso peatonal
passage piéton

bote de basura
poubelle

cruce
carrefour

semáforo
feux de circulation

cabaña

cabane

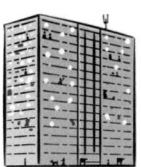

apartamento

appartement

estación de tren

gare

ayuntamiento

mairie

museo

musée

escuela

école

ciudad - ville

universidad

université

banco

banque

hospital

hôpital

hotel

hôtel

farmacia

pharmacie

oficina

bureau

librería

librairie

tienda

magasin

florería

fleuriste

supermercado

supermarché

mercado

marché

grandes tiendas

grand magasin

pescadería

poissonnerie

centro comercial

centre commercial

puerto

port

parque

parc

banco

banque

puente

pont

escaleras

escaliers

metro

métro

túnel

tunnel

parada de autobús

arrêt de bus

bar

bar

restaurante

restaurant

buzón

boîte à lettres

letrero

panneau indicateur

parquímetro

parcmètre

zoológico

zoo

alberca

piscine

mezquita

mosquée

granja

ferme

contaminación

pollution

cementerio

cimetière

iglesia

église

área de niños

aire de jeux

templo

temple

paisaje
paysage

hoja
feuille

señal
panneau indicateur

camino
chemin

pradera
pré

piedra
pierre

árbol
arbre

caminante
randonneur

río
rivière

pasto
herbe

flor
fleur

valle

vallée

montaña

montagne

lago

lac

bosque

forêt

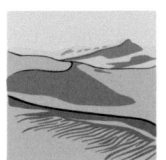

desierto

désert

volcán

volcan

castillo

château

arco iris

arc-en-ciel

champiñón

champignon

palmera

palmier

mosquito

moustique

mosca

mouche

hormiga

fourmis

abeja

abeille

araña

araignée

escarabajo

coléoptère

rana

grenouille

ardilla

écureuil

erizo

hérisson

liebre

lièvre

lechuza

chouette

pájaro

oiseau

cisne

cygne

jabalí

sanglier

ciervo

cerf

alce

élan

embalse

barrage

turbina eólica

éolienne

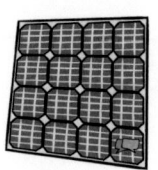

pansolar

panneau solaire

clima

climat

restaurante

restaurant

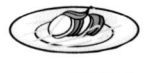

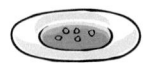

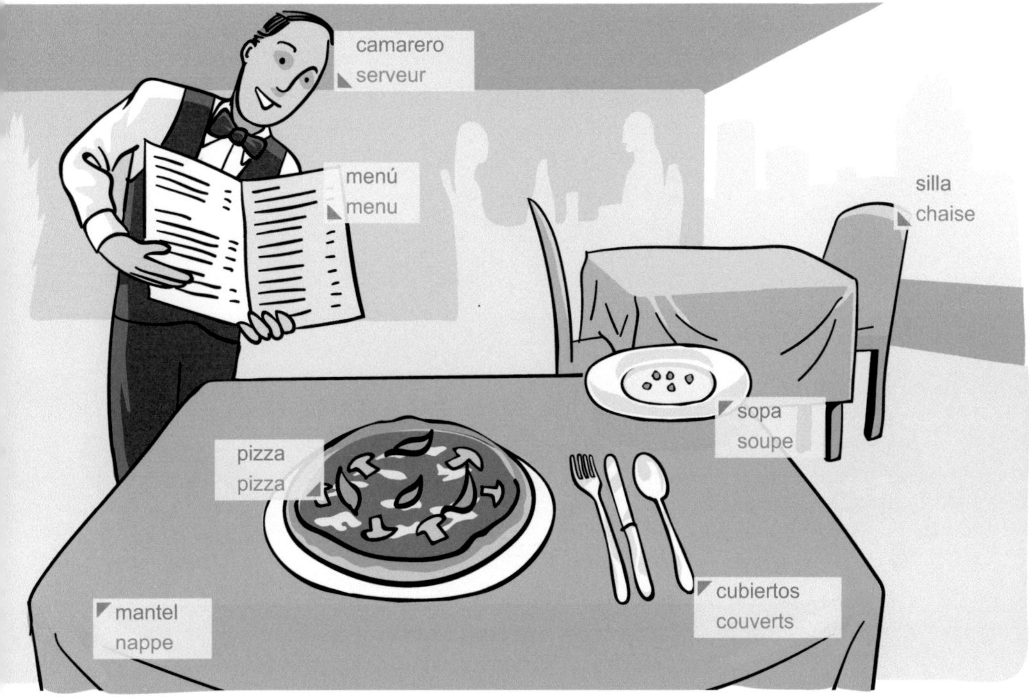

camarero
serveur
menú
menu
silla
chaise
sopa
soupe
pizza
pizza
cubiertos
couverts
mantel
nappe

entrada

hors d'œuvre

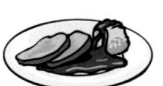

plato fuerte

plat principal

postre

dessert

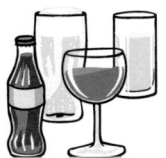

bebidas

boissons

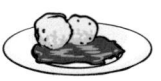

comida

alimentation

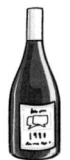

botella

bouteille

comida rápida

fast-food

comida de calle

plats à emporter

tetera

théière

azucarera

sucrier

porción

portion

cafetera espresso

machine à expresso

periquera

chaise haute

cuenta

facture

charola

plateau

cuchillo

couteau

tenedor

fourchette

cuchara

cuillère

cuchara de té

cuillère à thé

servilleta

serviette

vaso

verre

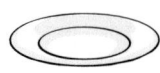

plato
assiette

plato hondo
assiette à soupe

plato
soucoupe

salsa
sauce

salero
salière

molino para pimienta
moulin à poivre

vinagre
vinaigre

aceite
huile

especias
épices

kétchup
ketchup

mostaza
moutarde

mayonesa
mayonnaise

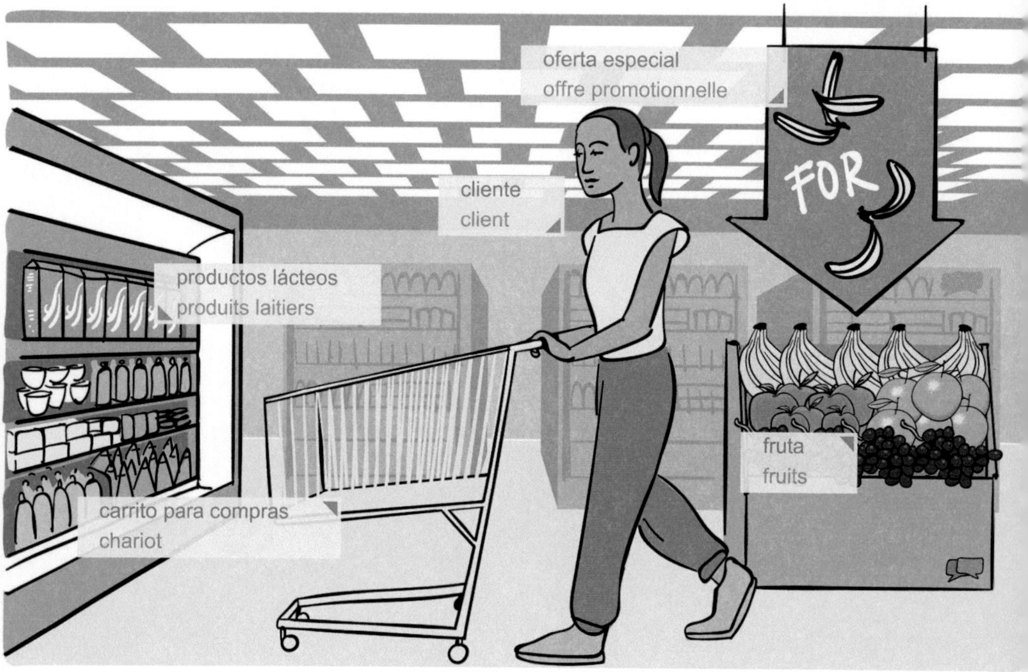

oferta especial
offre promotionnelle
FOR
cliente
client
productos lácteos
produits laitiers
fruta
fruits
carrito para compras
chariot

BUTCHERS

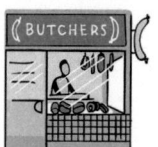

carnicería

boucherie

BAKERY

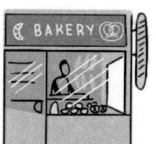

panadería

boulangerie

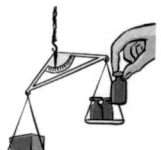

pesar

peser

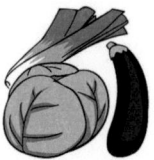

vegetales

légumes

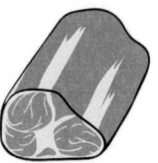

carne

viande

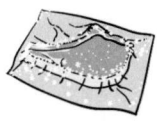

alimentos congelados

aliments surgelés

carnes frías
charcuterie

alimentos enlatados
conserves

detergente en polvo
poudre à lessive

dulces
bonbons

electrodomésticos
articles ménagers

productos de limpieza
détergents

vendedora
vendeuse

caja
caisse

cajero
caissier

lista de compras
liste d'achats

horario de atención al público
heures d'ouverture

cartera
portefeuille

tarjeta de crédito
carte de crédit

bolsa
sac

bolsa de plástico
sac en plastique

agua

eau

jugo

jus de fruit

leche

lait

refresco de cola

coca

vino

vin

cerveza

bière

alcohol

alcool

cacao

chocolat chaud

té

thé

café

café

espresso

expresso

cappuccino

cappuccino

plátano
banane

manzana
pomme

naranja
orange

melón
melon

limón
citron

zanahoria
carotte

ajo
ail

bambú
bambou

cebolla
oignon

champiñón
champignon

nueces
noisettes

fideos
pâtes

espaguetis

spaghetti

arroz

riz

ensalada

salade

patatas fritas

pommes frites

patatas fritas

pommes de terre rôties

pizza

pizza

hamburguesa

hamburger

emparedado

sandwich

filete

escalope

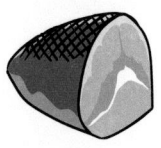

jamón

jambon

salami

salami

salchicha

saucisse

pollo

poulet

asado

rôti

pescado

poisson

copos de avena

flocons d'avoine

muesli

muesli

copos de maíz

cornflakes

harina

farine

cuernito

croissant

bolillo

petits-pains

pan

pain

tostada

pain grillé

galletas

biscuits

mantequilla

beurre

cuajada

le fromage blanc

pastel

gâteau

huevo

œuf

huevo frito

œuf au plat

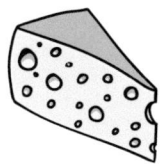

queso

fromage

helado

glace

azúcar

sucre

miel

miel

mermelada

confiture

crema de chocolate

crème nougat

curry

curry

granja
ferme

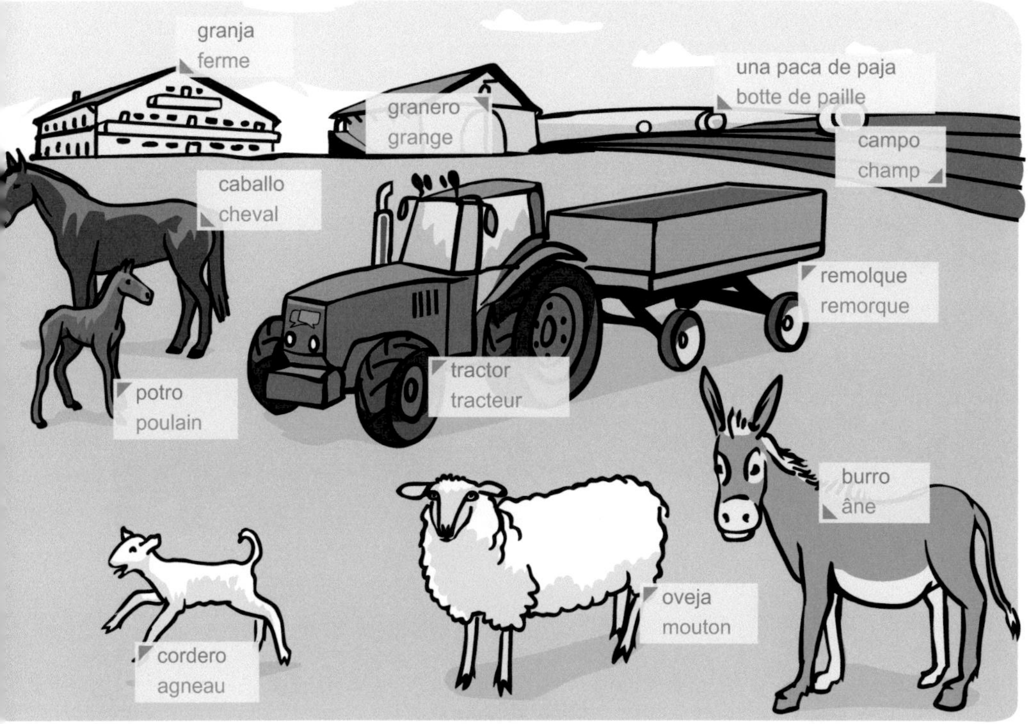
granja
ferme
granero
grange
una paca de paja
botte de paille
campo
champ
caballo
cheval
remolque
remorque
tractor
tracteur
potro
poulain
burro
âne
oveja
mouton
cordero
agneau

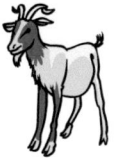

cabra

chèvre

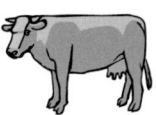

vaca

vache

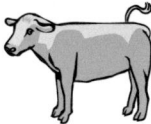

ternero

veau

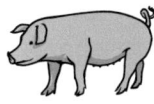

cerdo

porc

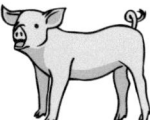

lechón

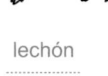

porcelet

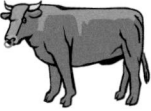

toro

taureau

ganso

oie

pato

canard

pollo

poussin

gallina

poule

gallo

coq

rata

rat

gato

chat

ratón

souris

buey

bœuf

perro

chien

casa dperro

chenil

manguera

tuyau de jardin

regadera

arrosoir

guadaña

faucheuse

arado

charrue

hoz

faucille

azadón

pioche

horquilla

fourche

hacha

hache

carretilla

brouette

bebedero

cuve

bote de leche

pot à lait

saco

sac

valla

clôture

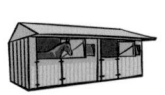

establo

étable

invernadero

serre

suelo

sol

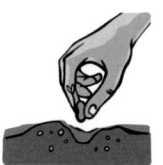

semilla

semences

fertilizador

engrais

cosechadora

moissonneuse-batteuse

cosechar
récolter

cosecha
récolte

camote
igname

trigo
blé

soja
soja

patata
pomme de terre

maíz
maïs

semilde colza
colza

árbol frutal
arbre fruitier

mandioca
manioc

cereales
céréales

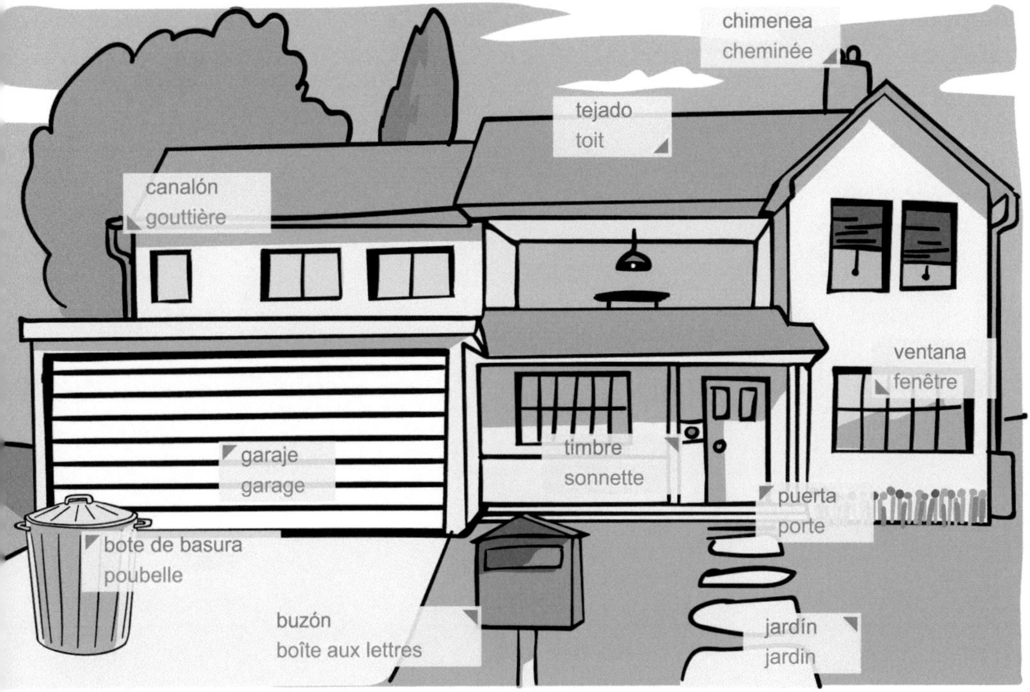

chimenea
cheminée

tejado
toit

canalón
gouttière

ventana
fenêtre

garaje
garage

timbre
sonnette

puerta
porte

bote de basura
poubelle

buzón
boîte aux lettres

jardín
jardin

estancia

salon

baño

salle de bain

cocina

cuisine

recámara

chambre à coucher

recámara de los niños

chambre d'enfant

comedor

salle à manger

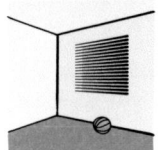

suelo

sol

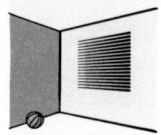

pared

mur

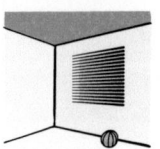

techo

plafond

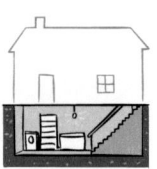

sótano

cave

sauna

sauna

balcón

balcon

terraza

terrasse

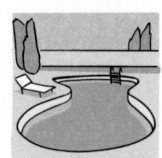

alberca

piscine

cortacésped

tondeuse à gazon

sábana

housse

colcha

couette

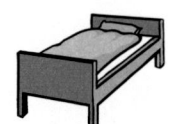

cama

lit

escoba

balai

balde

sceau

interruptor

interrupteur

estancia

salon

pappara empapelar
papier peint
imagen
image
lámpara
lampe
estante
étagère
alacena
armoire
televisión
télé
chimenea
cheminée
flor
fleur
cojín
coussin
sofá
sofa
florero
vase
control remoto
télécommande

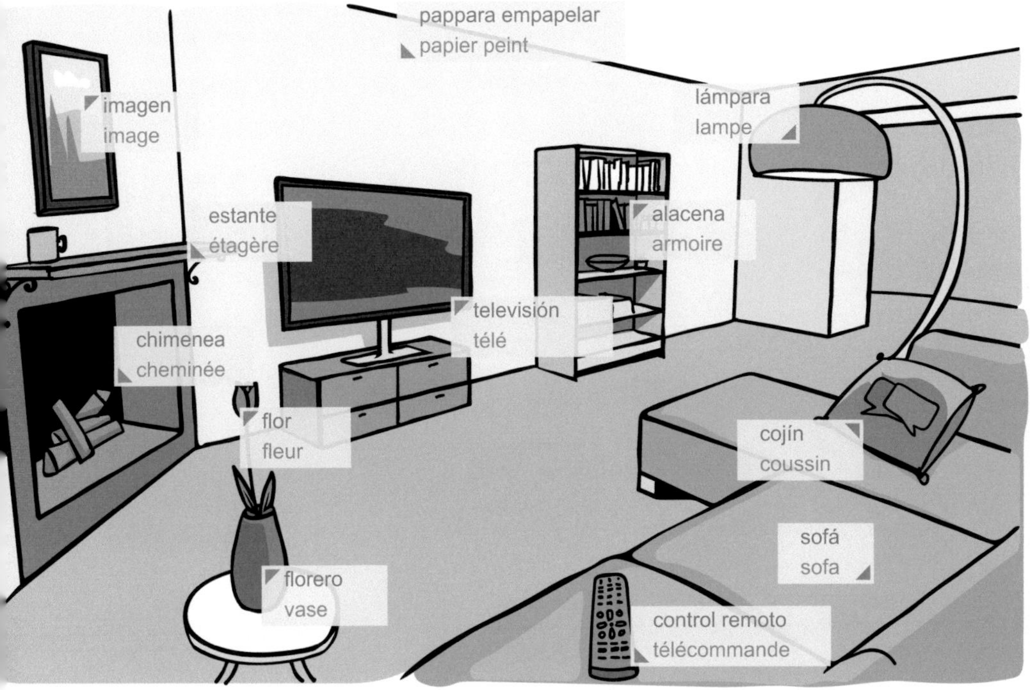

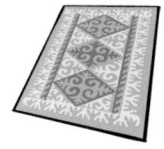

alfombra

tapis

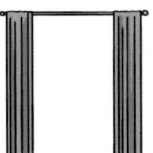

cortina

rideau

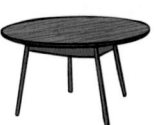

mesa

table

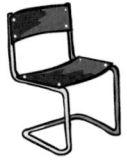

silla

chaise

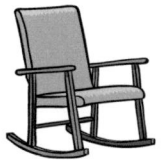

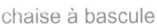

mecedora

chaise à bascule

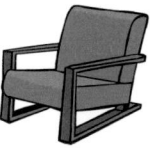

sillón

fauteuil

libro

livre

frazada

couverture

decoración

décoration

leña

bois de chauffage

película

film

equipo de música

chaîne hi-fi

llave

clé

periódico

journal

pintura

peinture

póster

poster

radio

radio

cuaderno

bloc-notes

aspiradora

aspirateur

cactus

cactus

vela

bougie

cocina
cuisine

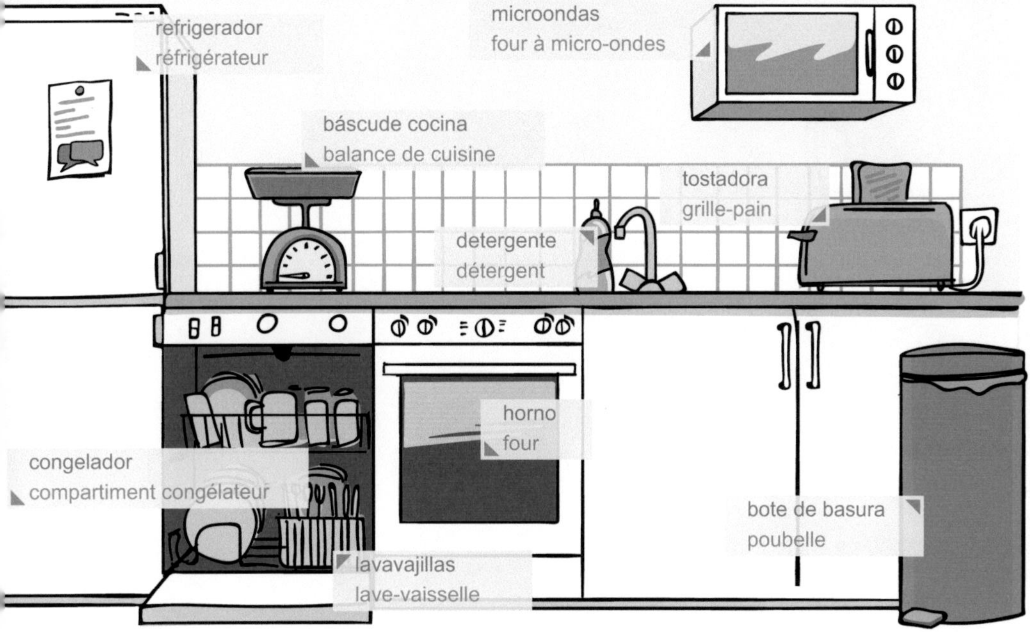

refrigerador
réfrigérateur
microondas
four à micro-ondes
báscude cocina
balance de cuisine
tostadora
grille-pain
detergente
détergent
horno
four
congelador
compartiment congélateur
bote de basura
poubelle
lavavajillas
lave-vaisselle

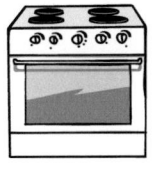

opresión

four

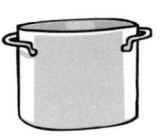

olla

casserole

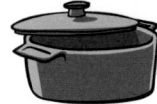

olde hierro fundido

marmite

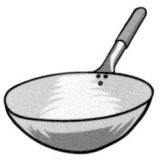

wok

wok / kadai

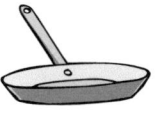

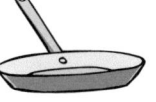

sartén

poêle

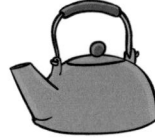

hervidor

bouilloire electrique

vaporera

cuiseur vapeur

charode horno

plaque de cuisson

loza

vaisselle

taza

gobelet

bol

coupe

palillos

baguettes

cucharón

louche

espátula

spatule

batidora

fouet

colador

passoire

colador

tamis

rallador

râpe

mortero

mortier

barbacoa

barbecue

fogata

cheminée

tabpara picar

planche à découper

rodillo para amasar

rouleau à pâtisserie

sacacorchos

tire-bouchon

lata

boîte

abrelatas

ouvre-boîte

guante de cocina

maniques

fregadero

lavabo

cepillo

brosse

esponja

éponge

batidora

mixeur

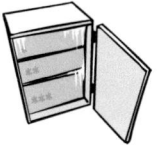

congelador

congélateur

biberón

biberon

llave

robinet

baño

salle de bain

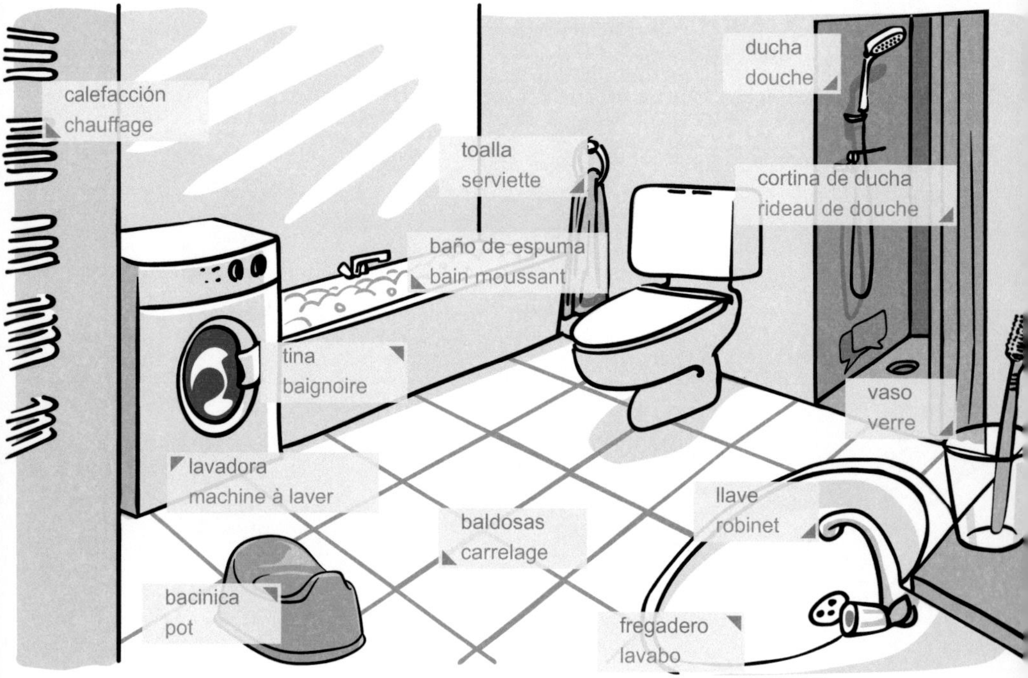
ducha
douche
calefacción
chauffage
toalla
serviette
cortina de ducha
rideau de douche
baño de espuma
bain moussant
tina
baignoire
vaso
verre
lavadora
machine à laver
llave
robinet
baldosas
carrelage
bacinica
pot
fregadero
lavabo

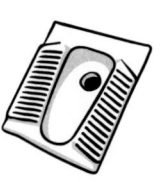

inodoro

toilettes

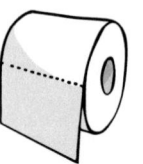

letrina

toilette à la turque

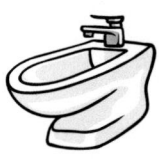

bidé

bidet

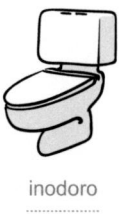

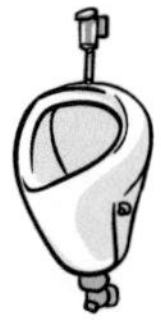

mingitorio

urinoir

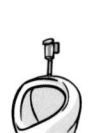

paphigiénico

papier toilette

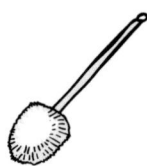

cepillo para baño

brosse à toilette

cepillo de dientes

brosse à dents

pasta dental

dentifrice

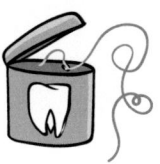

hilo dental

fil dentaire

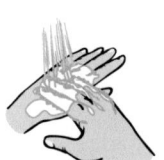

lavar

laver

ducha de mano

douche manuelle

ducha vaginal

douche intime

fregadero

vasque

cepillo de espalda

brosse dorsale

jabón

savon

gde ducha

gel douche

champú

shampooing

toallita

gant de toilette

drenaje

écoulement

crema

crème

desodorante

déodorant

espejo

miroir

espejo de tocador

miroir cosmétique

máquina para afeitar

rasoir

espuma de afeitar

mousse à raser

loción para después de afeitar

après-rasage

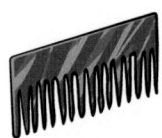

peine

peigne

cepillo

brosse

secadora

sèche-cheveux

laca

laque pour cheveux

maquillaje

fond de teint

lápiz labial

rouge à lèvres

esmalte para uñas

vernis à ongles

algodón

ouate

tijeras para uñas

coupe-ongles

perfume

parfum

estuche para cosméticos

trousse de toilette

taburete

tabouret

báscula

pèse-personne

bata

peignoir

guantes de goma

gants de nettoyage

tampón

tampon

toalsanitaria

serviettes hygiéniques

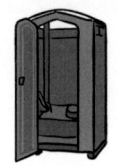

baño móvil

toilette chimique

recámara de los niños
chambre d'enfant

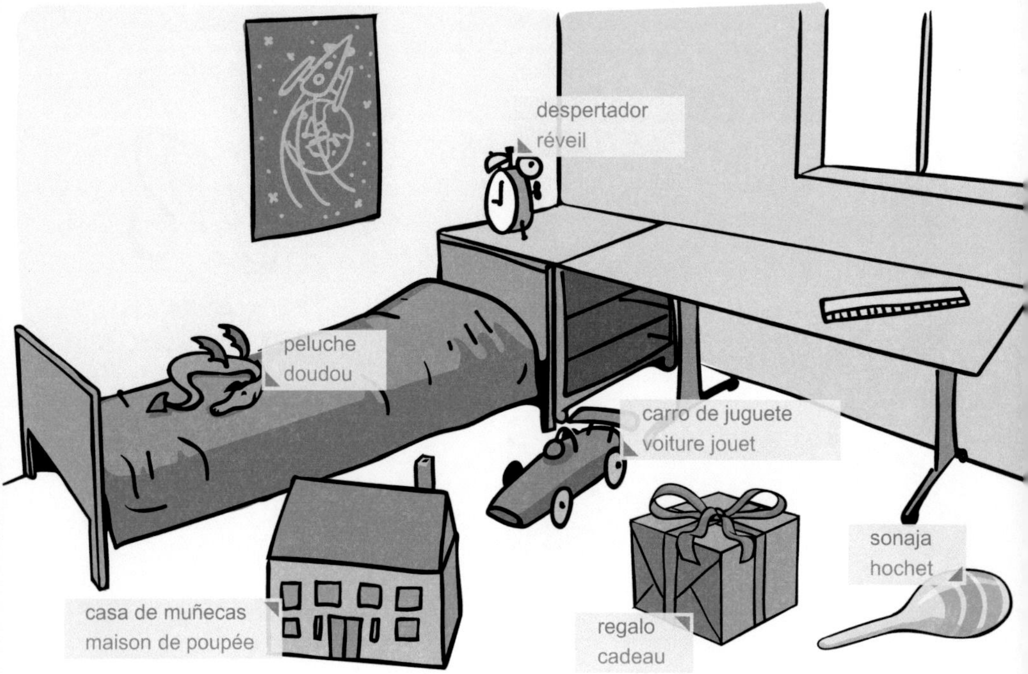
despertador
réveil
peluche
doudou
carro de juguete
voiture jouet
sonaja
hochet
casa de muñecas
maison de poupée
regalo
cadeau

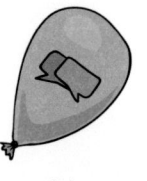

globo

ballon

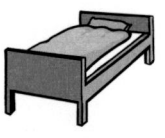

cama

lit

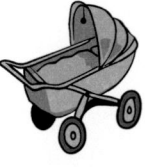

carriola

poussette

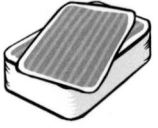

cartas

jeu de cartes

rompecabezas

puzzle

SUPER MEGA

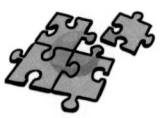

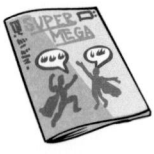

cómic

bande dessinée

piezas de lego

pièces lego

bloques para jugar

blocs de construction

figura de acción

figurine

mameluco

grenouillère

frisbee

frisbee

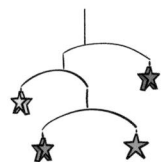

móvil para bebés

mobile

juego de mesa

jeu de société

dados

dé

tren eléctrico

train miniature

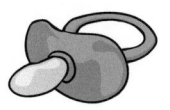

maniquí

sucette

fiesta

fête

álbum de fotos

livre d'images

balón

balle

muñeca

poupée

jugar

jouer

arenero

bac à sable

columpio

balançoire

juguetes

jouets

consode videojuegos

console de jeu

triciclo

tricycle

oso de peluche

ours en peluche

clóset

armoire

ropa

vêtements

calcetines

chaussettes

pantimedias

bas

mallas

collant

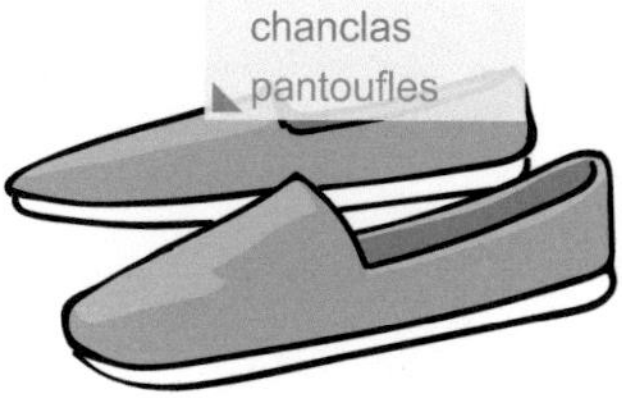

bufanda
écharpe

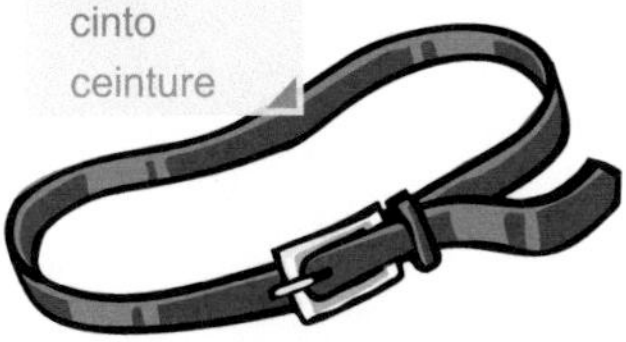

cinto
ceinture

paraguas
parapluie

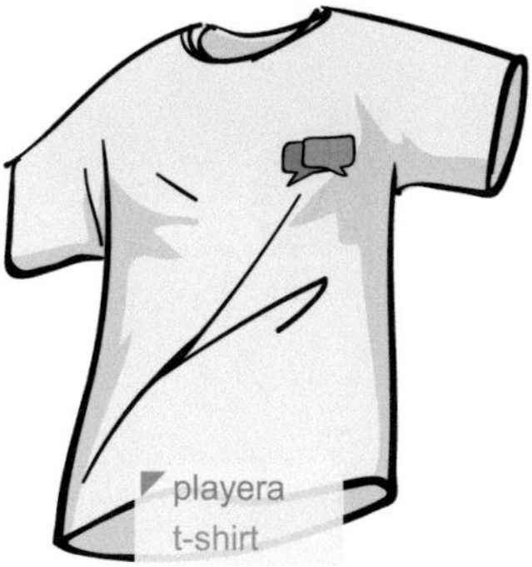

playera
t-shirt

botas
bottes

chanclas
pantoufles

tenis
baskets

sandalias
....
sandales

zapatos
....
chaussures

botas de goma
....
bottes de caoutchouc

ropa interior
....
sous-vêtements

brasier
....
soutien-gorge

chaleco
....
maillot de corps

ropa - vêtements

body
body

pantalones
pantalon

pantalones de mezclilla
jean

falda
jupe

blusa
chemisier

camisa
chemise

suéter
pull

sudadera
sweat à capuche

saco sport
veste

chamarra
veste

abrigo
manteau

impermeable
imperméable

traje
costume

vestido
robe

vestido de novia
robe de mariée

traje
costume

camisón
chemise de nuit

pijama
pyjama

sari
sari

pañuelo para cabeza
foulard

turbante
turban

burka
burqa

caftán
caftan

abaya
abaya

traje de baño
maillot de bain

short de baño
maillot de bain

shorts
short

pants
tenue d'entraînement

delantal
tablier

guantes
gants

botón
bouton

gafas
lunettes

brazalete
bracelet

collar
collier

anillo
bague

arete
boucle d'oreille

gorra
bonnet

gancho
cintre

sombrero
chapeau

corbata
cravate

cierre
fermeture éclair

casco
casque

tirantes
bretelles

uniforme
uniforme scolaire

uniforme
uniforme

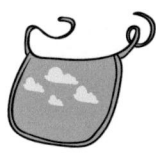

babero

bavoir

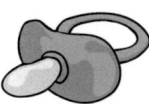

maniquí

sucette

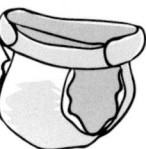

pañal

lange

oficina

bureau

servidor
serveur
archivo
armoire d'archivage
impresora
imprimante
monitor
écran
pap
papier
escritorio
bureau
mouse
souris
carpeta
classeur
teclado
clavier
bote de basura
corbeille à papier
silla
chaise
computadora
ordinateur

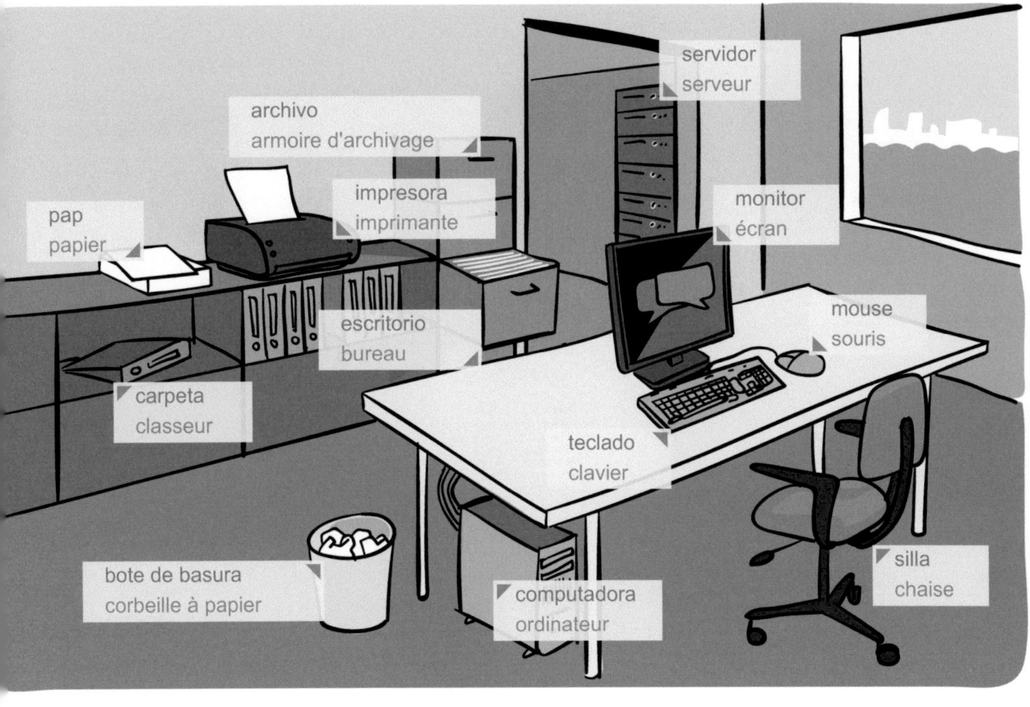

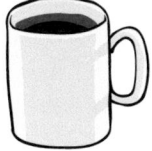

taza de café

tasse de café

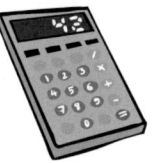

calculadora

calculatrice

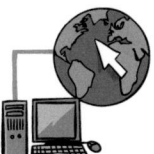

internet

internet

notebook

ordinateur portable

carta

lettre

mensaje

message

móvil

portable

red

réseau

fotocopiadora

photocopieuse

software

logiciel

teléfono

téléphone

tomacorriente

prise

fax

fax

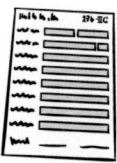

formulario

formulaire

documento

document

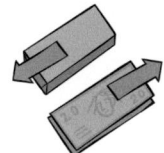

comprar
acheter

pagar
payer

hacer negocios
faire du commerce

dinero
monnaie

 USD

dólar
dollar

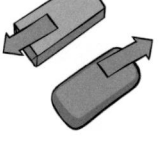 EUR

euro
euro

 JPY

yen
yen

 RUB

rublo
rouble

 CHF

franco suizo
franc suisse

 CNY

yuan
renminbi yuan

 INR

rupia
roupie

cajero automático
distributeur automatique

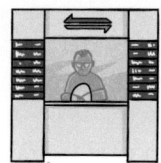

casa de cambio

bureau de change

oro

or

plata

argent

petróleo

pétrole

energía

énergie

precio

prix

contrato

contrat

impuesto

taxe

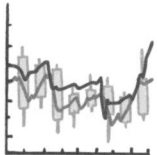

acción

action

trabajar

travailler

empleado

employé

empleador

employeur

fábrica

usine

tienda

magasin

ocupaciones
professions

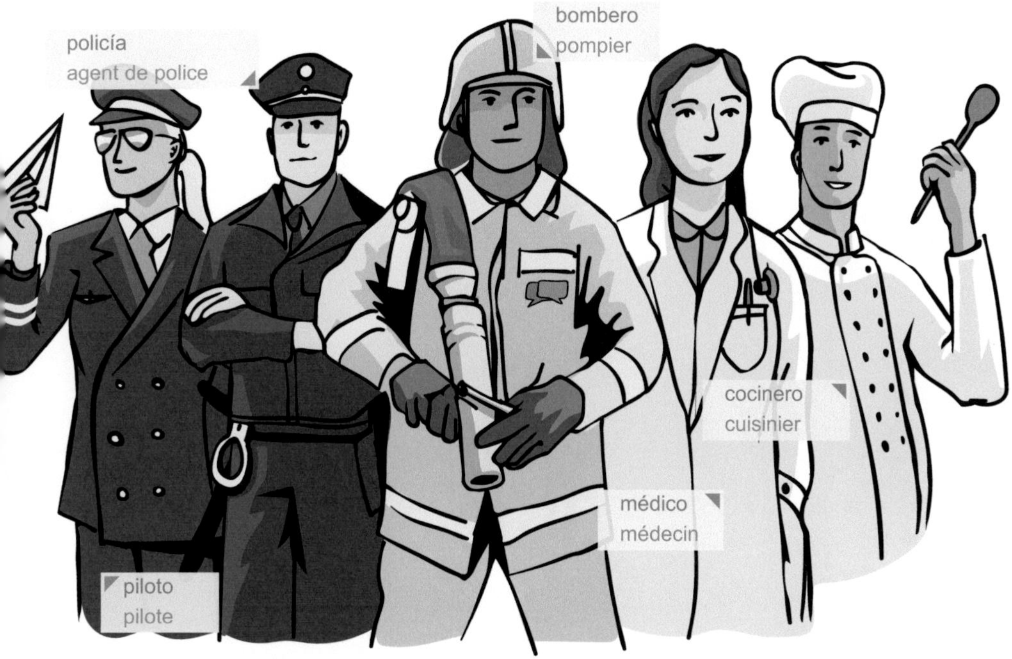

policía
agent de police
bombero
pompier
piloto
pilote
médico
médecin
cocinero
cuisinier

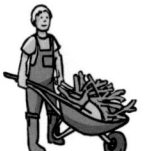

jardinero

jardinier

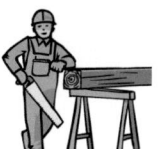

carpintero

menuisier

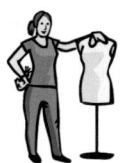

costurera

couturière

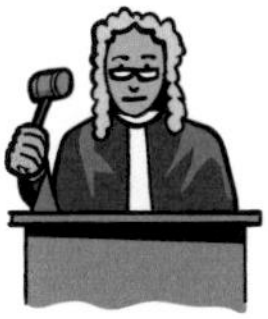

juez

juge

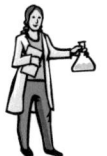

farmacéutico

chimiste

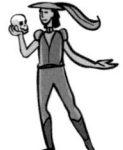

actor

acteur

conductor de autobús

conducteur de bus

taxista

chauffeur de taxi

pescador

pêcheur

señora de limpieza

femme de ménage

instalador de techos

couvreur

camarero

serveur

cazador

chasseur

pintor

peintre

panadero

boulanger

electricista

électricien

obrero

ouvrier

ingeniero

ingénieur

carnicero

boucher

plomero

plombier

cartero

facteur

soldado

soldat

arquitecto

architecte

cajero

caissier

florista

fleuriste

peluquero

coiffeur

cobrador

contrôleur

mecánico

mécanicien

capitán

capitaine

dentista

dentiste

científico

scientifique

rabino

rabbin

imán

imam

monje

moine

sacerdote

prêtre

herramientas
outils

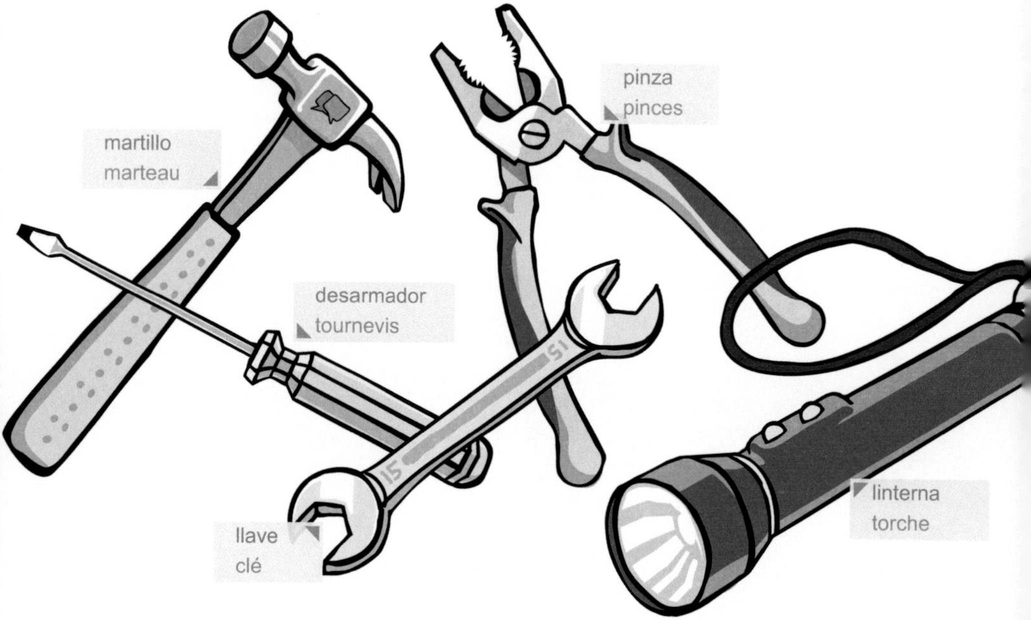
martillo
marteau
pinza
pinces
desarmador
tournevis
llave
clé
linterna
torche

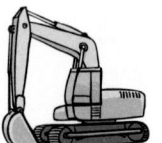

excavadora

pelleteuse

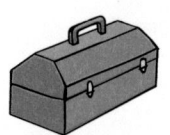

caja de herramientas

boîte à outils

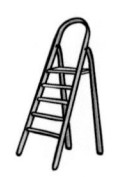

escalera de mano

échelle

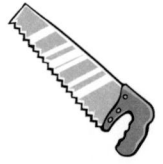

sierra

scie

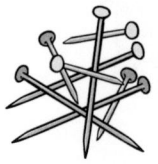

clavos

clous

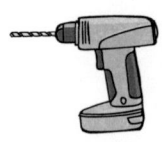

taladro

perceuse

reparar
réparer

pala
pelle

¡Maldición!
Mince !

recogedor
pelle

bote de pintura
pot de peinture

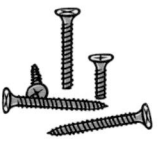

tornillos
vis

instrumentos musicales
instruments de musique

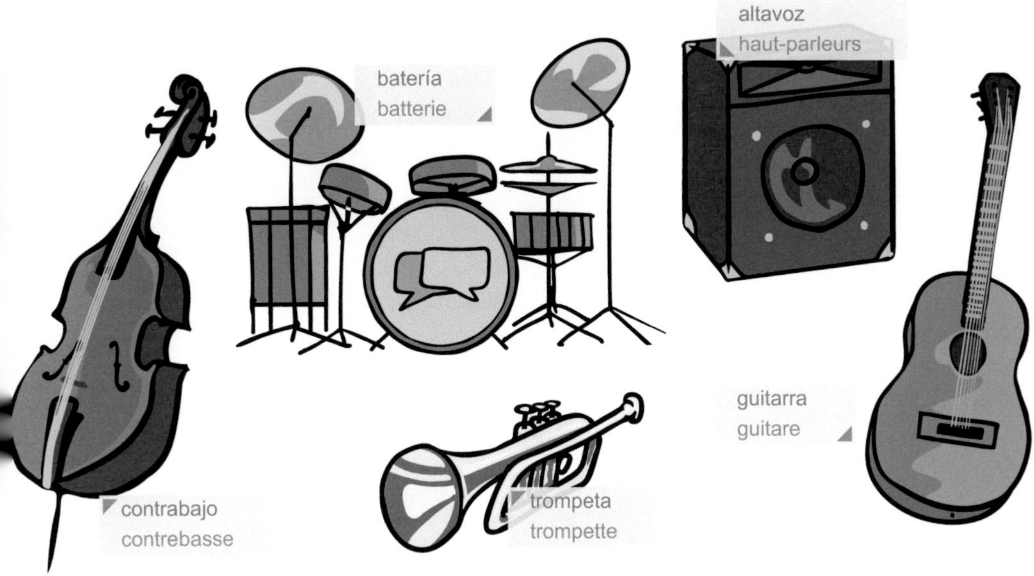

batería
batterie

altavoz
haut-parleurs

contrabajo
contrebasse

trompeta
trompette

guitarra
guitare

piano
piano

violín
violon

bajo
basse

timbales
timbales

tambor
tambour

teclado
piano électrique

saxofón
saxophone

flauta
flûte

micrófono
microphone

zoológico

zoo

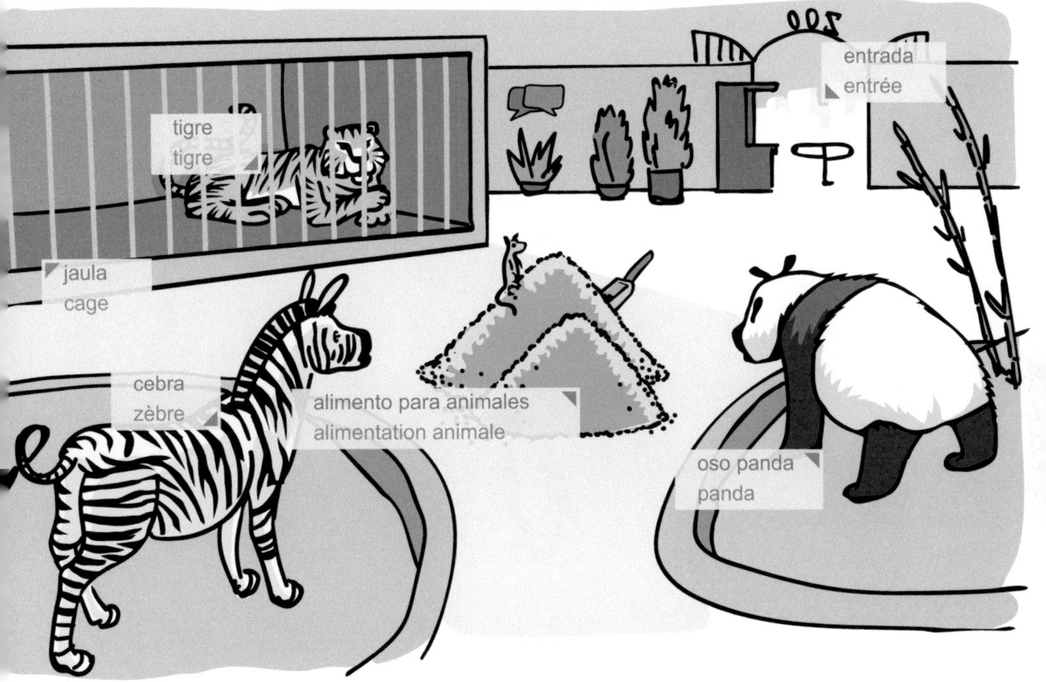

entrada
entrée
tigre
tigre
jaula
cage
cebra
zèbre
alimento para animales
alimentation animale
oso panda
panda

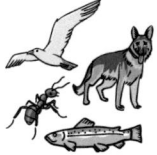

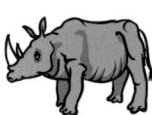

animales

animaux

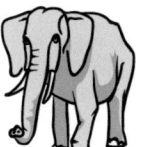

elefante

éléphant

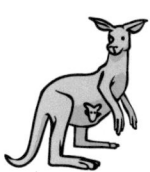

canguro

kangourou

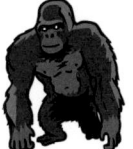

rinoceronte

rhinocéros

gorila

gorille

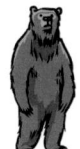

oso

ours

camello

chameau

avestruz

autruche

león

lion

mono

singe

flamenco

flamand rose

loro

perroquet

oso polar

ours polaire

pingüino

pingouin

tiburón

requin

pavo real

paon

serpiente

serpent

cocodrilo

crocodile

guardián de zoológico

gardien de zoo

foca

phoque

jaguar

jaguar

poni

poney

leopardo

léopard

hipopótamo

hippopotame

jirafa

girafe

águila

aigle

jabalí

sanglier

pescado

poisson

tortuga

tortue

morsa

morse

zorro

renard

gacela

gazelle

fútbol americano
american Football

ciclismo
cyclisme

tenis
tennis

baloncesto
basket-ball

natación
natation

boxeo
boxe

hockey sobre hielo
hockey sur glace

fútbol
football

bádminton
badminton

atletismo
athlétisme

handball
handball

esquí
ski

polo
polo

62

actividades

activités

reír
rire
saltar
sauter
abrazar
embrasser
caminar
marcher
cantar
chanter
soñar
rêver
rezar
prier
besar
faire la bise

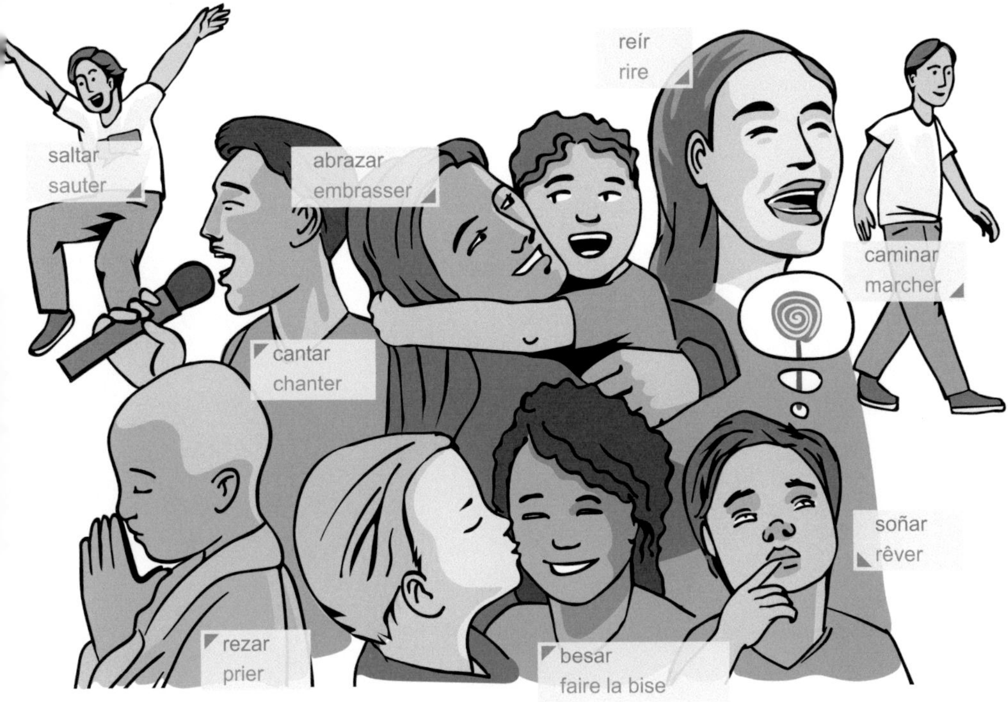

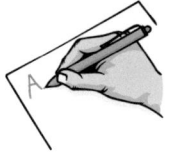

escribir

écrire

dibujar

dessiner

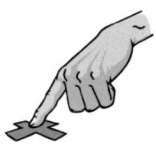

mostrar

montrer

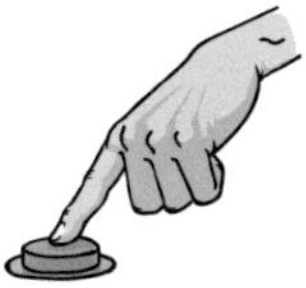

empujar

pousser

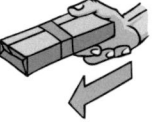

dar

donner

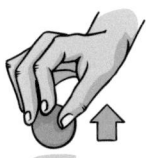

tomar

prendre

tener
avoir

hacer
faire

ser
être

estar parado
être debout

correr
courir

jalar
trier

arrojar
jeter

caer
tomber

estar acostado
être couché

esperar
attendre

llevar
porter

estar sentado
être assis

vestirse
s'habiller

dormir
dormir

despertar
se réveiller

mirar
regarder

llorar
pleurer

acariciar
caresser

peinar
peigner

hablar
parler

entender
comprendre

preguntar
demander

escuchar
écouter

beber
boire

comer
manger

ordenar
ranger

amar
aimer

cocinar
cuire

conducir
conduire

volar
voler

navegar

faire de la voile

calcular

calculer

leer

lire

aprender

apprendre

trabajar

travailler

casarse

se marier

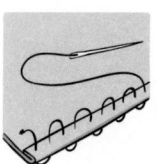

coser

coudre

cepillarse los dientes

brosser les dents

matar

tuer

fumar

fumer

enviar

envoyer

abuela
grand-mère

abuelo
grand-père

padre
père

madre
mère

bebé
bébé

hija
fille

hijo
fils

invitado
hôte

tía
tante

tío
oncle

hermano
frère

hermana
sœur

cuerpo

corps

frente
front
ojo
œil
hombro
épaule
dedo
doigt
cara
visage
barbilla
menton
mano
main
pecho
poitrine
pierna
jambe
brazo
bras

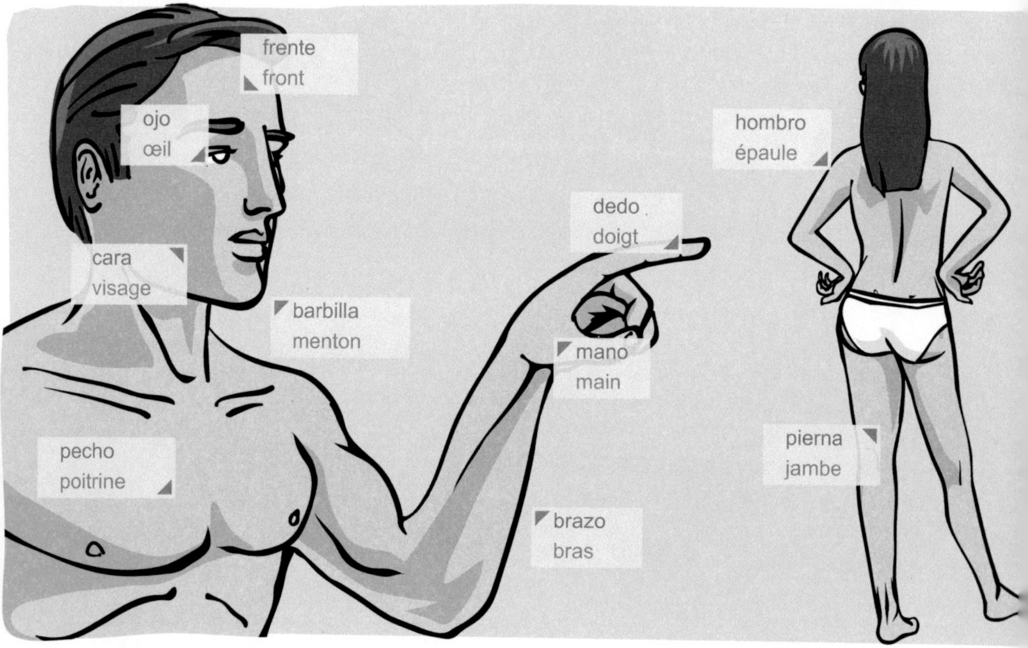

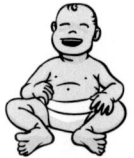

bebé

bébé

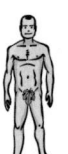

hombre

homme

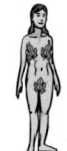

mujer

femme

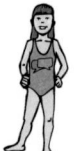

niña

fille

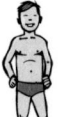

niño

garçon

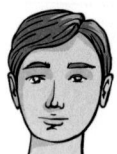

cabeza

tête

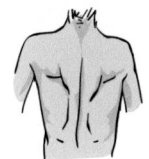

espalda

dos

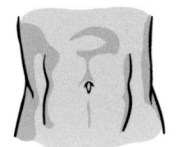

barriga

ventre

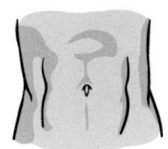

ombligo

nombril

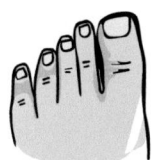

dedo dpie

orteil

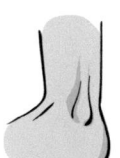

talón

talon

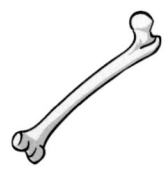

hueso

os

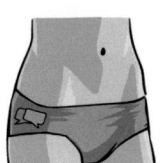

cadera

hanche

rodilla

genou

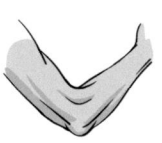

codo

coude

nariz

nez

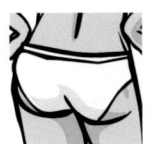

pompis

fesses

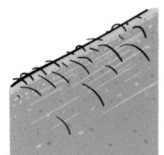

piel

peau

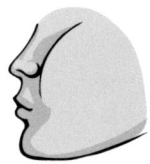

mejilla

joue

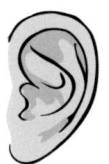

oído

oreille

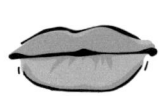

labio

lèvre

boca

bouche

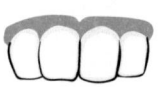

diente

dent

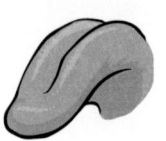

lengua

langue

cerebro

cerveau

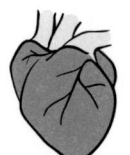

corazón

cœur

músculo

muscle

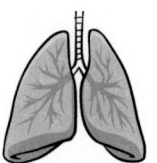

pulmón

poumons

hígado

foie

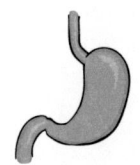

estómago

estomac

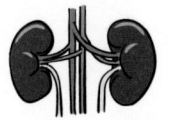

riñones

reins

sexo

rapport sexuel

condón

préservatif

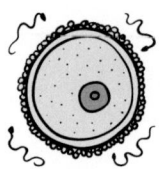

óvulo

ovule

semen

sperme

embarazo

grossesse

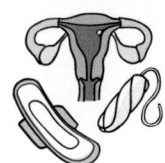

menstruación

menstruation

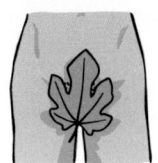

vagina

vagin

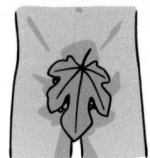

pene

pénis

ceja

sourcil

cabello

cheveux

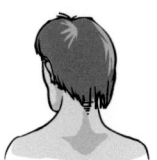

cuello

cou

hospital
hôpital

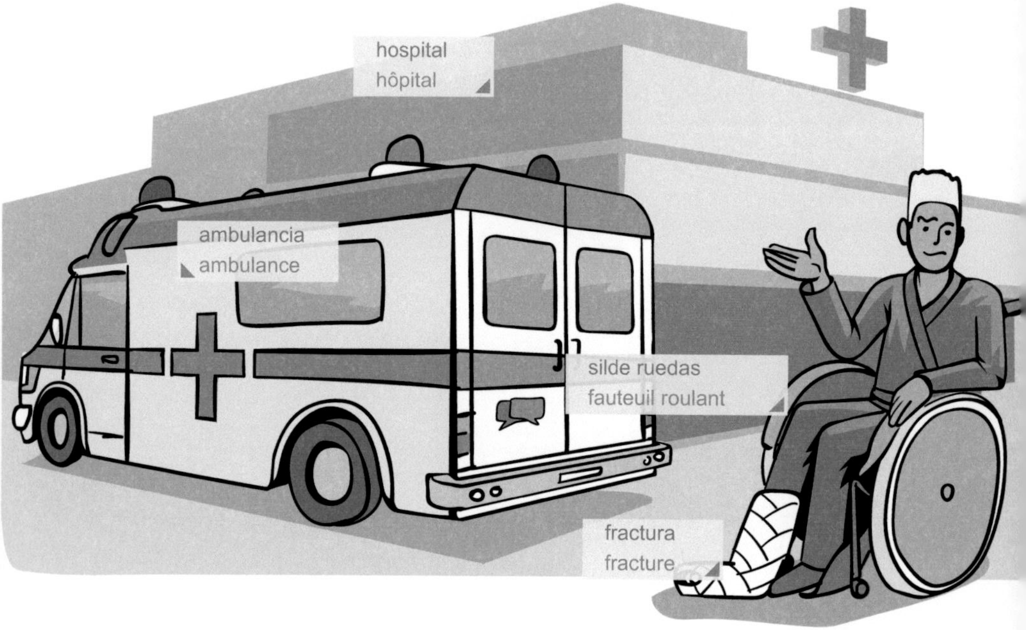

hospital
hôpital
ambulancia
ambulance
silde ruedas
fauteuil roulant
fractura
fracture

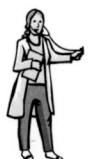

médico

médecin

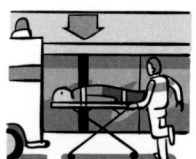

sade emergencias

service des urgences

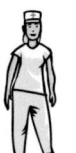

enfermera

infirmière

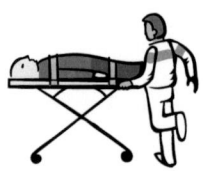

emergencia

urgence

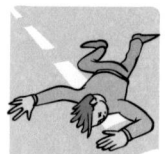

inconsciente

inconscient

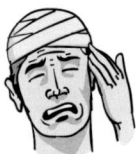

dolor

douleur

lesión

blessure

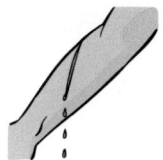

hemorragia

hémorragie

infarto

crise cardiaque

accidente cerebrovascular

attaque cérébrale

alergia

allergie

tos

toux

fiebre

fièvre

gripa

grippe

diarrea

diarrhée

dolor de cabeza

mal de tête

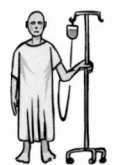

cáncer

cancer

diabetes

diabète

cirujano

chirurgien

bisturí

scalpel

operación

opération

TC
CT

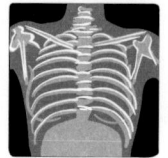

rayos x
radiographie

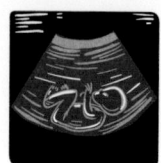

ultrasonido
échographie

mascarilla
masque

enfermedad
maladie

sade espera
salle d'attente

muleta
béquille

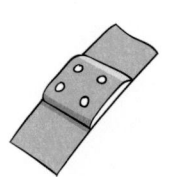

vendita
pansement

vendaje
pansement

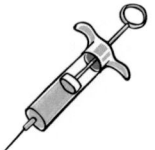

inyección
injection

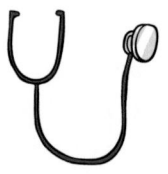

estetoscopio
stéthoscope

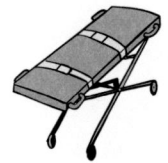

camilla
brancard

termómetro
thermomètre

nacimiento
accouchement

sobrepeso
surcharge pondérale

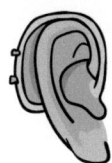

audífono

appareil auditif

desinfectante

désinfectant

infección

infection

virus

virus

VIH / SIDA

VIH / sida

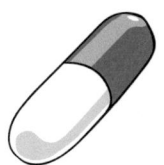

medicina

médicament

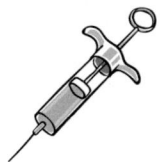

vacunación

vaccination

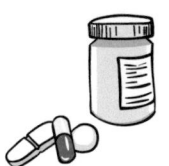

tabletas

comprimés

pastilanticonceptiva

pilule

llamada de emergencia

appel d'urgence

medidor de presión

tensiomètre

enfermo / sano

malade / sain

¡Socorro!
Au secours !

alarma
alarme

agresión
assaut

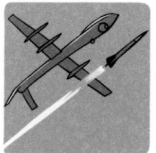

ataque
attaque

peligro
danger

salida de emergencia
sortie de secours

¡Fuego!
Au feu!

extintor de incendios
extincteur

accidente
accident

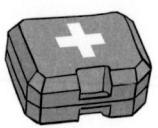

botiquín de primeros
auxilios
trousse de premier secours

SOS
SOS

policía
police

Europa

Europe

Norteamérica

Amérique du Nord

Sudamérica

Amérique du Sud

África

Afrique

Asia

Asie

Australia

Australie

Atlántico

Océan atlantique

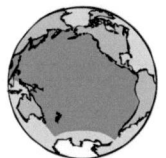

Pacífico

Océan pacifique

Océano Índico

Océan indien

Océano Antártico

Océan antarctique

Océano Ártico

Océan arctique

polo norte

pôle nord

polo sur

pôle sud

Antártida

Antarctique

tierra

terre

tierra

pays

mar

mer

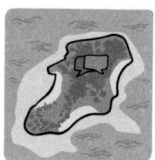

isla

île

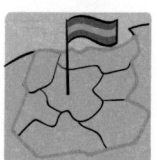

nación

nation

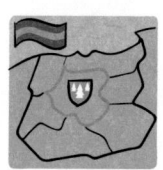

estado

état

esfera

cadran

manecilde las horas

aiguille des heures

minutero

aiguille des minutes

segundero

aiguille des secondes

¿Qué hora es?

Quelle heure est-il ?

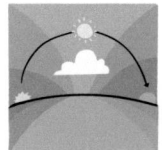

día

jour

hora

temps

ahora

maintenant

reloj digital

montre digitale

minuto

minute

hora

heure

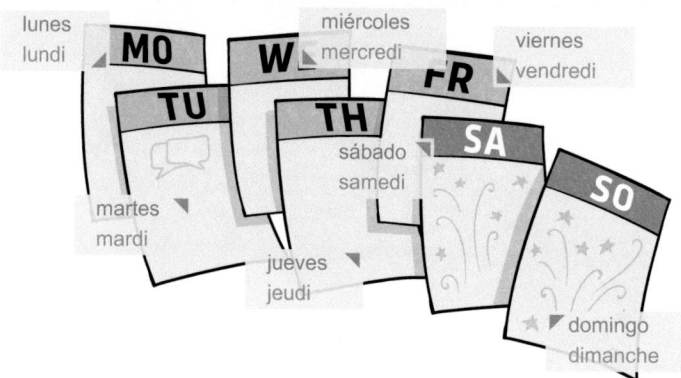

lunes
lundi

miércoles
mercredi

viernes
vendredi

martes
mardi

sábado
samedi

jueves
jeudi

domingo
dimanche

ayer

hier

hoy

aujourd'hui

mañana

demain

mañana

matin

mediodía

midi

tarde

soir

días laborables

jours ouvrables

fin de semana

week-end

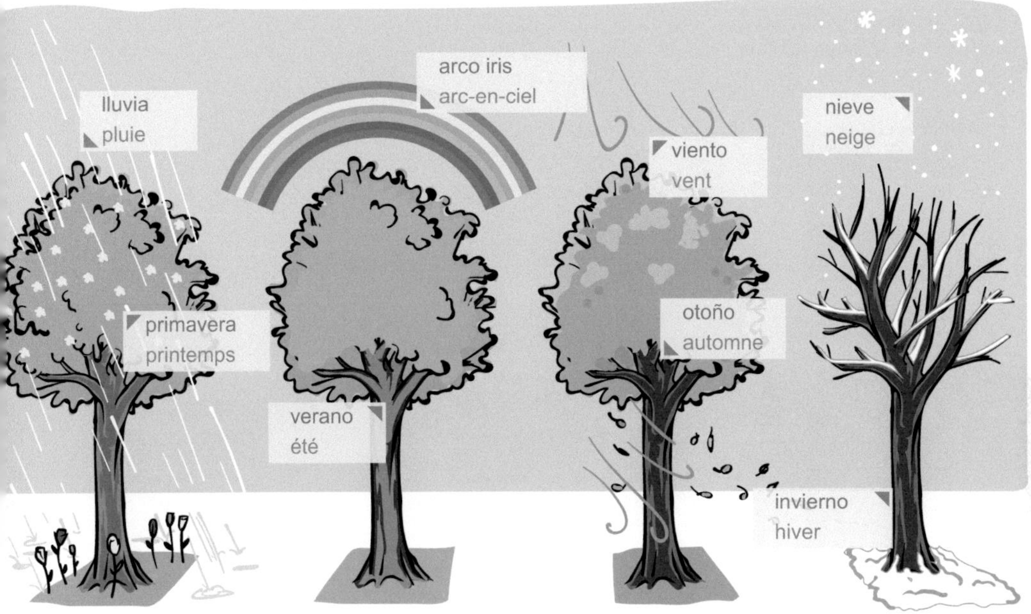

lluvia
pluie

arco iris
arc-en-ciel

viento
vent

nieve
neige

primavera
printemps

verano
été

otoño
automne

invierno
hiver

4.APRIL	11°	☀
5.APRIL	4°	☁
6.APRIL	13°	☔
7.APRIL	8°	❄
8.APRIL	10°	☀

pronóstico dtiempo
météo

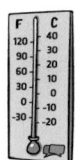

termómetro
thermomètre

sol
lumière du soleil

nube
nuage

niebla
brouillard

humedad
humidité

rayo

foudre

trueno

tonnerre

tormenta

tempête

granizo

grêle

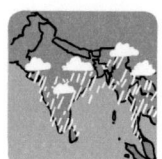

monzón

mousson

inundación

inondation

hielo

glace

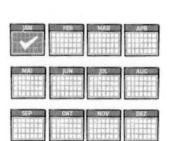

enero

janvier

febrero

février

marzo

mars

abril

avril

mayo

mai

junio

juin

julio

juillet

agosto

août

año - année

septiembre
septembre

octubre
octobre

noviembre
novembre

diciembre
décembre

formas
formes

círculo
cercle

cuadrado
carré

rectángulo
rectangle

triángulo
triangle

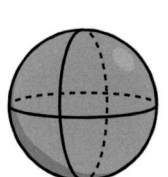

esfera
sphère

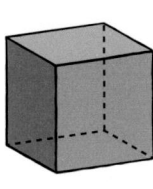

cubo
cube

blanco

blanc

amarillo

jaune

naranja

orange

rosa

rose

rojo

rouge

morado

violet

azul

bleu

verde

vert

marrón

marron

gris

gris

negro

noir

mucho / poco

beaucoup / peu

enojado / tranquilo

fâché / calme

bonito / feo

joli / laid

principio / fin

début / fin

grande / pequeño

grand / petit

claro / oscuro

clair / obscure

hermano / hermana

frère / soeur

limpio / sucio

propre / sale

completo / incompleto

complet / incomplet

día / noche

jour / nuit

muerto / vivo

mort / vivant

ancho / angosto

large / étroit

comestible / no comestible

comestible / incomestible

malo / amable

méchant / gentil

entusiasmado / aburrido

excité / ennuyé

gordo / delgado

gros / mince

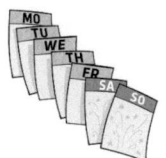

primero / último

premier / dernier

amigo / enemigo

ami / ennemi

lleno / vacío

plein / vide

duro / blando

dur / souple

pesado / ligero

lourd / léger

hambre / sed

faim / soif

enfermo / sano

malade / sain

ilegal / legal

illégal / légal

inteligente / tonto

intelligent / stupide

izquierda / derecha

gauche / droite

cerca / lejos

proche / loin

nuevo / usado

nouveau / usé

nada / algo

rien / quelque chose

viejo / joven

vieux / jeune

encendido / apagado

marche / arrêt

abierto / cerrado

ouvert / fermé

silencioso / ruidoso

faible / fort

rico / pobre

riche / pauvre

correcto / incorrecto

correct / incorrect

áspero / suave

rugueux / lisse

triste / contento

triste / heureux

corto / largo

court / long

lento / rápido

lent / rapide

húmedo / seco

mouillé / sec

caliente / frío

chaud / froid

guerra / paz

guerre / paix

0

cero

zéro

1

uno

un / une

2

dos

deux

3

tres

trois

4

cuatro

quatre

5

cinco

cinq

6

seis

six

7

siete

sept

8

ocho

huit

9

nueve

neuf

10

diez

dix

11

once

onze

12

doce

douze

13

trece

treize

14

catorce

quatorze

15

quince

quinze

16

dieciséis

seize

17

diecisiete

dix-sept

18

dieciocho

dix-huit

19

diecinueve

dix-neuf

20

veinte

vingt

100

cien

cent

1.000

mil

mille

1.000.000

millón

million

inglés
....
anglais

inglés americano
....
anglais américain

chino mandarín
....
chinois mandarin

hindi
....
hindi

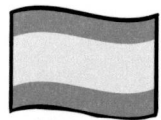

español
....
espagnol

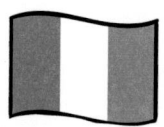

francés
....
français

árabe
....
arabe

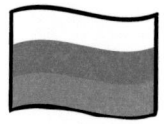

ruso
....
russe

portugués
....
portugais

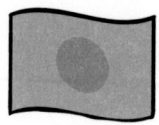

bengalí
....
bengali

alemán
....
allemand

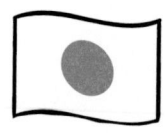

japonés
....
japonais

yo

je

tú

tu

él / ella

il / elle / ce, c', cela

nosotros

nous

vosotros

vous

ellos

ils / elles

¿quién?

Qui ?

¿qué?

Quoi ?

¿cómo?

Comment ?

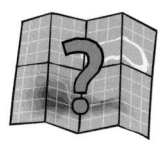

¿dónde?

Où ?

¿cuándo?

Quand ?

nombre

nom

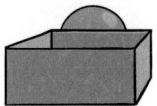

detrás

derrière

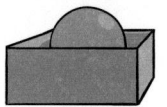

en

dans

delante de

devant

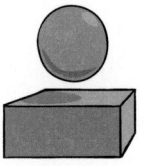

por encima de

au-dessus

sobre

sur

debajo de

en-dessous

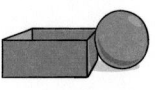

junto a

à côté de

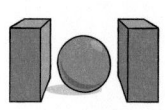

entre

entre

lugar

lieu